깨끗한 슬픔

김현
전욱진

깨끗한 슬픔

차례

강아지 한 마리가 천국에 가면 9

사랑과 영혼 12

잔물결 14

음향 16

봄 18

산들 19

우리 사이 21

역광 25

가만히 있어봐 27

동거 28

시작하는 시 30

핍진성 32

충실한 슬픔 34

수신자 부담 37

할머니는 끝이 없네 39

봄날 문밖에서의 춤 42

사람이 아니던 시절에 44

고양이 한 마리가 천국에 가지 않으면 50

십팔번 52

아직도 그 역에서 손을 흔드는 사람이 있을까 54

인지부조화 57

깃털 58

입추 60

서점은 열려 있어요 61

보라매공원 63

철새들 64

홍콩 찻잔 65

잃어버린, 67

시월 71

내가 좋아한 그 사람의 시 73

틀림없는 76

내 친구의 집은 어디인가 77

시인들의 말 80

저자소개 84

수록작품 86

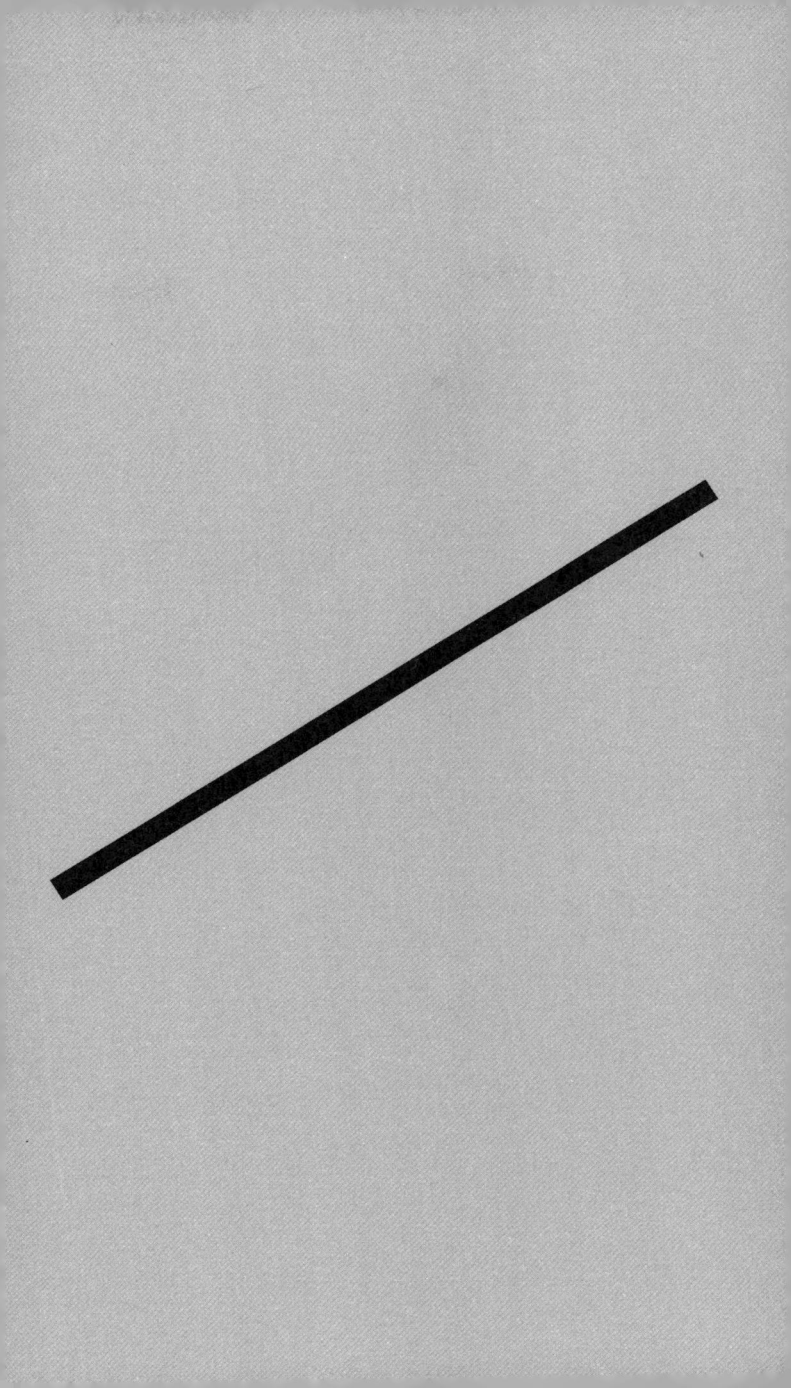

강아지 한 마리가 천국에 가면

지상의 강아지 한 마리가 없어진다

때론 명백한 사실이 시적이지

강아지 한 마리가 천국에 가면
아침 일찍 산책 나오던 한 사람이 사라진다

그는 아직 누워 있다
텅 빈 그를 깨우기 위해 누구도
상냥하게 짖지 않고
침대로 폴짝 뛰어오르지 않기에

사람이 해 줄 수 있는 일을
(짖어 봐!)
사람이 해 주지 않아서
(뛰어올라 봐!)
사람은 다른 동물에게 바란다
오늘 사람이 잊은 일을
(사랑해 주세요.)

강아지 한 마리가 천국에 가면
꿈의 골목에 강아지가 나타난다

쓰다듬을 수 있고,
냄새 맡을 수 있고,
껴안을 수 있는,

그의 베개는 젖고 있다

강아지 한 마리가 천국에 가면
천국을 믿는 사람이 한 명 더 생겨난다

천국이란
너와 내가 함께 갔던 곳

그는 우는 얼굴로 기뻐하며 눈을 뜬다
사라진 걸 알면서도
새로운 날을 맞이하기 위해
매일 아침 부르던 이름을 속삭인다

강아지 한 마리가 천국에 가면
천국의 우울한 사람이 웃게 된다

고양이 한 마리가 천국에 가면, 하고

생각에 빠져서
너무 깊어서
깜짝 놀라 산 고양이의 이름을 부르는 사람도 있
을 것이다

강아지 한 마리가 천국에 가면

사랑과 영혼

내 몸을 벗어나고 있는 저기
네가 영혼 같아서

저것이 나를 떠나
알지 못하는 세계로 가는구나
육체가 생각한다

그럼에도 남아 있다니
삶이 오래 계속된다니

밥 먹고 똥오줌 누고 힘들게 일하고
잠에 드는 동안 꿈을 꾼다는 사실에
살아 있는 육체가 놀라워한다

마음의 주체란 무엇인가 헤아리지만
그것은 알 수 없는 세계에 속한 것
몸은 결국 몸에 지나지 않으므로

웅크린 채 슬슬 잠에 빠질 때
내가 육체의 등을 쓰다듬는다

영혼은 어디에도 보이지 않고

나를 행복하게 해 줘 그럼
다시 착해질 수 있을 거야*
남아 있는 육체가 중얼거린다

---

*메리 셸리, 『프랑켄슈타인(1818)』 중에서.

잔물결

제주에 가서 보았네
아름다워서

반짝인다기보다는
반짝여서 아름다운

잔물결잔물결잔물결

모두 거기 앉아서
눈을 감고 뜨며 삶을 음미했네

찻잔에 부딪히는 신의 티스푼 소리에
귀를 기울이듯이

잠시,

우리가 해변에 앉아
한 손 위에 한 손을 포개며 바라는
바라보는 것은 언제나

사람에게 상처받았다가 아니라
상처를 얻었다고
쓰는 마음

결국 울게 되어도 지금 웃는다는 게 아름답다

잔잔하게 울려 퍼지다
한순간 사라지고 마는

잔물결잔물결잔물결

음향

너와 나는 나뉘었다
새로 만나는 길

이어지는 우리 위에
산 사람이 죽은 사람이 기억이 바람이 들짐승이 집짐승이 귀신이 무당이 빗방울이 낙엽이 볕이 그늘이

묵은눈은 줄어들며
어린 새가 걸어가는

그 길은 쭉 이어지다

너와 나로
달리 떨어져도

우리로 또
다시 합류해서

곁에 없는 동안

이러한 이가 그러한 것이
나를 지나갔다, 하고
이야기해 주는 일

가만히 들어 주는 일

봄

연우가 교실 창가에
다육이 화분을 놓아 뒀어

다육이는 빛을 좋아해서
해가 있는 쪽으로 얼굴을 돌린대

연우는 자꾸
창문을 향해 고개를 돌리고

나는 자꾸
연우를 봐
목
이
계
속
길
어
져

산들

히어리 얼레지
미나리아재비
꿩의바람꽃

들꽃이 여기 도착하고
한 사람도 마저 와서
마땅히 든 생각

꽃이 아닌 내가
옆에 가만해도 될까

노루귀 노루오줌
산괴불주머니
꽃범의꼬리

그가 가르쳐준
서먹한 이름들
한동안 입에 담으면서

빛과 바람을 요구하며

살게 될 것이다

선량하고 갸륵한 빗소리
그다음 오는 이름으로

봄이 아닌 내가
처음 보는 꽃을 피울 때

사랑하는 사람의 발밑은
환하기도 할 것이다

우리 사이

생각해 보면

4월과 10월 사이에는

5월이
6월이
7월이
8월이
9월이 있다

5월에는 어린이날, 어버이날, 스승의 날이
6월에는 현충일이
7월에는 제헌절이
8월에는 광복절이
9월에는 청년의 날과 푸른 하늘의 날이

진실하게
역사적으로

4월과 10월 사이

어떤 사람은 죽을 때까지 생각할
어떤 사람은 한 번도 생각해 본 적 없는

그사이

여름이 시작되고(입하), 농사가 시작되고(소만), 씨앗이 시작되고(망종)
낮이 시작되고(하지), 더위가 시작되고(소서), 폭염이 시작되고(대서)
가을이 시작되고(입추), 감기가 시작되고(처서), 이슬이 시작되고(백로)
밤이 시작되고(추분)

라일락과 장미가 피고
떠나는 철새와 돌아오는 철새
어머니와 아버지가: 그러니까 나와
사랑이: 바로 당신
우정이: 그리고 우리는
태어났다

그들이 하늘나라로 떠난 사이

한 (죽은) 사람은
5월, 태어나 처음으로 성년이 되고

6월, 태어나 처음으로 연애 중
7월, 태어나 처음으로 아이스 아메리카노를 마시고
8월, 태어나 처음으로 기쁨의 눈물을 배우고
9월, 태어나 처음으로 뽀뽀한다면

한 사람뿐이겠는가

4월과 10월 사이에서 여전히 삶을 꿈꾸는 이가
꿈에서라도 만날 수 있다면

사랑하는 사람들은 언제나
네 개의 손가락으로 영원을 약속하는데
나머지 열여섯 개의 손가락들은 무엇을 위한 것일까?

숫자
1, 2, 3 다음에는 4
4와 10 사이에는
5, 6, 7, 8, 9
10 다음에는 11, 12
언제나 그런 것은 아니다

모든 걸 잃어버린 이후

4 다음도 0

10 다음도 0

0을 사는 사람들 사이에 우리가 있다

생각해 보면

우리라고 해서,
우리도 어쩌면,
우리 사이에도 우리가 필요할지도 모르기에

역광

꽃나무 없이도 꽃그늘이다
그 안에 잠수 중인 한 사람을
꺼내오고 싶었다

물 밖에서 들리는 내 목소리를
내가 듣고 있다고 가정해 보자

꽃그늘이라도 그늘이구나
언제 들어도 슬플 것 같아서
조용히 입을 다무는 현재에

그럼에도 드물고 아름다운
이를테면 여름 저녁 하늘 같은
그런 장면 앞에 선 순간에는
부르고 싶은 마음을 참고

지는 해는 오래 바라보아도
눈이 시리지는 않겠지
하지만 감았다 뜨면 눈앞에
동그란 잔상은 어슴푸레

물에 잠겨 있는 한 사람이
입 밖으로 내는 목소리같이

가만히 있어봐

너의 머리 위로
벚꽃이 떨어져 내렸다

그대로 조용히

올려다봤다
기쁨은 고개를 떨구고 오지 않기에

나뭇가지에는 무성한 꽃들
연분홍 타이츠를 맞춰 입고
손을 맞잡은 채 흔들며 합창 중이었다

아쉬워하지 마, 꽃이 다 지면 잎을 보면 돼

너의 작은 목소리
그 건너편까지 기억하고 싶은데

아무래도 나는
봄을
더는 슬픔이라 발음하고 싶지 않다

동거

거세게 손을 뻗은 나는
그러니까 그이로부터
거의 낚아채듯

이제는 되찾은 내가
아무런 말 없이 노려볼 때
그는 다만 내 눈을 피할 뿐

품에 안은 아이는 아무래도
자는 척을 하는 거 같았다

그날 밤 우리는 그렇게 다시 돌아왔고
시간이 지나며 자라나는 아이의 얼굴을 두고서
아무도 나를 닮았다고 말하지 않는다

물론 나도 잘 알고 있다

아이는 곧 자신은 왜 이토록
기다림이 흔한지를 헤아려 볼 거다

언젠가 그 누구에게도 스스로를
빼앗긴 적 없었다는 사실을 깨닫겠지

품에 안겨 잠들었던 그날 저녁
그이의 체념도 이해하게 될 즈음

아이는 용서할 수 있을까
내 등을 다독이며 괜찮다고
다 괜찮아질 거라고

그런 다음 살포시 문을 닫고
그 아이가 어디로 향할지도
이미 나는 잘 알고 있지만

시작되는 시

흰 발목이 드러나 보이는
봄날 저녁이었다

비 온 뒤
꽃 다 지고
휘날린 꽃잎 몇 장이
파랗게 질린 채 마음의 시냇물에 떠 있었다

혼자 앉아서
시 없는 시집에서 시를 찾아 읽었다

깨진 유리컵 조각이 투명한 심장에 박힌 아이가
쓰고 싶은
써야 하는
쓰고 마는 시였다

아무도 밟지 않은 새하얀 눈길 같은
너무 하얘서 푸른 핏줄이 보이는
굴을 파서 피가 돌게 하는

그러나 끝내는
주일 아침 소녀의 기도 같은

종소리를 들은 지 오래되었다

어른이 되어도 알 수 없는 것이 있는데
아무도 가르쳐주지 않는데
울려 퍼지고 싶은데

시냇가에 홀로 앉아 꽃잎을 건져냈다

시작되는 시를 보면 꼭 안아주기로 했다

핍진성

지나친 현실은 안 아름답다
지나친 현실은 몸에 해롭다
지나친 현실은

너와 나를 남으로 만들고
따로 또 같이 괴롭힌다

늘 옆에서 자는 사람이 어젯밤
잠에 든 내가 그런 말을 했다는데
그게 무슨 헛소리냐며 허허 웃었다

지난밤 내 꿈은 고작
살아남은 한 사람이 되어
송신탑을 찾으러 다닌 일

평생 혼자서만 지니고 있었던
생각을 전하기 위해

그 이야기는 하지 않았고
다만 점심을 하러 나섰다

다 먹은 다음 신발을 신는데
계산대 앞에 그가 우물쭈물하길래
이번에도 내가 사는 거냐며
나는 허허 웃었고

이제 어디로 갈까
피차 정해 둔 목적지는 없었지만
신발 끈을 동시에 더 꽉 조일 때

바로 옆 도로에는 뭇사람이
붉은 끈을 머리에 질끈 묶은 채
삼천배를 하며 지나고 있었다

*충실한 슬픔

어느 아침에
내가 당신에게 그것을 건넸다면
당신은 그것을 어디에 묻어둘까?

그리고 조용히 다른 삶을 생각한다

대파 한 대가 심어진 화분을
볕 좋은 곳에 놓아두고 가꾸는 삶,

교정 울타리에 핀
장미를 올려다보며 걷는 삶,

나만 알고 싶은 동네 카페의 작은 테이블
한 권의 책

밑줄을 그으며
나뭇가지에 날아와 앉는 새

무늬가 아름다운 찻잔 속
말 못 할 슬픔의 얼룩

오래전 연락이 끊긴 동지에게
너는 충실했을 뿐이야
뒤늦은 답장을 띄워 보낸다면

삶의 종착지가 아니라
종점을 마음에 품고
버스에 오르는 삶,

끝까지
끝으로 갔다가 집으로 돌아온다

가능한 삶과 불가능한 삶 사이에서
사계절 떠오르는
돌아오지 못한 사람들

그리고 조용히 다른 봄을 생각한다

할 수 없는 말이
할 수 없이 해야 하는 말이
말 없는 삶,

살아 있지는 못해도
살아서 돌아올 수는 없어도

되풀이하여 살게 해 줄 수 있는 삶,

떠올린다
그 믿음 하나로

어느 밤에
내가 당신에게 그것을 건넨다면
당신은 그것을 어디에 꺼내둘까?

---

*이 시는 유현아 시인이 한 '시다' 언니에게 들었다는 말에서 출발한 시다. 이후 나는 유현아, 이소연 시인에게 '충실한 슬픔'이라는 제목으로 시를 한 편씩 쓰자 제안했고 두 사람은, 썼다.

수신자 부담

죽은 사람으로부터 전화가 왔다

살다 보면 이처럼 아주 가끔
불가능한 일이 벌어지기도 하지
그럴 때는 두려워만 하지 말고
전화기를 귀에 갖다 대야 한다

죽은 사람은 말이 없다는데
이 사람은 너무 말이 많아서
어느새 난 반주자의 마음으로
알맞은 호응을 반반히 고르고

눈앞에 보이는 아무 종이 뒷면에다
한(恨)이라는 단어를 써보기도 한다

이쪽도 그쪽이랑 별반 다를 바가 없더라
이럴 줄 알았으면 그쪽에서 계속 지낼걸
말 그대로 넋두리를 늘어놓는 사람에게

내가 해 줄 말이라고는 글쎄 뭐 다들

그럴 수밖에 없는 이유가 있을 거야
하지만 이쪽의 나 역시도 여전해서
이해할 수 없는 일이 너무나 많네

잠깐 웃고 나선 그제야 나한테
그때 왜 사랑해 줬느냐 묻기에
잘 모르겠다고 답했다
정말로 잘 몰라서 그랬다고

그러고는
이제 가봐야겠다 하길래
어디 가는 거냐고 물었다

...
그래
차차 알아지겠지

이쪽은 지금 비가 온단다

할머니는 끝이 없네

할머니
나무도 자요?

그럼

한 밤이 두 밤 되고
꿈에 둥근꼴 뿌리를 만들지

할머니
나무도 속삭여요?

그럼

그림자를 풀어 이야기의 스웨터를 짜지

할머니
나무도 흘러가요?

그럼

바람 불면 흔들리니까
검은 물오리 궁둥이에 붙어서
미지의 세계로

할머니
나무도 깊어요?

그럼

연기처럼
재는 남고
구름처럼
시시각각
달은 차고 기울어도
지워진 글자인 양
글 뒤에 숨어서

할머니
나무도 닿아요?

그럼

한 아이가 손을 뻗지
세상 어디에나 있으나

단 하나뿐인

그럼 할머니
나무도, 울어요?

또 웃지

나무도 죽겠죠…

그럼

봄이면 창을 열고
연둣빛 사랑에 관해
오랫동안 생각하지

꿈을 꾸면
세상에 없는 꽃을
세상에 있게 할 수 있단다

봄날 문밖에서의 춤

자기를 좀 숨겨 달라
애처로운 구석이 있어
그 부탁을 들어준다

내 그림자를 불러일으켜
몸 위에 폭 덮어준 다음
기다린다

조만간 소란이 일어나겠지

혹시 누군가에게 쫓기는 중이냐고
아니면 무슨 잘못을 저지른 거냐고

바람 자는 한낮에
덜덜 떠는 그늘은
누가 봐도 수상했으나
그 모습이 또 애처로워

더는 묻지 않기로 한다
소란이 일어나기를

얌전히 기다리는 동안

어느새 몸까지 다 내어준 나는
그렇게 아지랑이처럼 살게 된다

그 가여운 것을 그만 놓아 달라

손에 횃불 들고 소리를 지르는
사람들이 오는데

사람이 아니던 시절에

우정에 대해서는 딱히 하고 싶은 말이 없다. 어쩐지 그렇게 느껴진다.

살면서 다른 누군가와 깊은 교감을 느낀 적 있었나. 돌이켜 보면 지금껏 나는 앞에 앉은 이가 나를 어떻게 판단하는지 다시 말해 내가 어떤 모습으로 보일는지가 관심사였지, 이외에 그이가 무슨 생각을 주로 하고 또 무엇에 잘 감응하는지엔 주의를 기울인 적 없는 듯하다. 그렇다고 이쪽에서 먼저 보거나 들은 것으로 말미암은 감상, 지나온 삶에 의해 쌓인 흉금을 털어놓는 편도 아니다 보니 앞에 앉은 이와의 대화는 어느새 피상적인 국면으로 미끄러져 버리고. 그렇게 무료해진 나는 끝내 그이를 등지고서 내 맘속에 일어나는 일들로 들어가고 만다.

더러 내가 좋아했던 사람들이 있기는 했다. 인간과 인간이 맺는 관계 속의 연약한 토대를 이해하여 '농담'이라는 방식을 통해 그 미끄러운 접촉면을 마치 스케이트 타듯 오가던 이들. 그런 그들과 같은 방에서 깔깔대며 보낸 밤이야 나도 없진 않지만, 모여 앉은 우리의 등 뒤로 각자의 시간은 어느새 조용히 다가와선 목덜미를 그대로 낚아채 방문을 나서는 것이다.

 그리고 어쩌다 다시 만난다 해도 서로가 이미 그때와는 너무나도 달라져 있는 것이다.

 우정에 대해서는 딱히 하고 싶은 말이 없지만 그럼에도 해야 한다면, 어쩐지 나는 그에 관해 얘기하고 싶다.

 내가 그를 처음 만난 곳은 버려진 집이었다. 정확히 말하면 직접 만들어진, 그러니까 잘 짜인 기획 아래 제작된 폐가였다. 곧 핼러윈 시즌이었고 이제 그곳은 삼 개월 동안 귀신들로 우글댈 예정이었다.

 그 무렵 나는 갓 스무 살이었다. 갈피를 잡지 못한 채 헤매어 돌아다니던 때였다. 돈을 벌기 위해 이 일 저 일 집적대다 어느 날 귀신의 집에서 일할 사람을 구한다는 공고를 접했고, 그렇게 도착한 데가 바로 그곳이었다.

 처음 들어선 실내는 어두침침했고 불쾌한 냄새가 풍겼으며 기분 나쁜 소음으로 가득했다. 과연 언제 어디서 귀신이 불쑥 튀어나와도 이상하지 않을 거 같았다. 나를 포함해 서른 명 정도 되는, 삼 개월 계약직으로 근무할 이들이 자신을 '감독'이라 부르라는 사람을 따라다니며 그 집안의 내력에 관한 설명을 듣고 있을 때였다.

 응접실 배후를 요기조기 살피던 나의 눈앞에 머

리카락이 없는, 그러니까 대머리 아저씨같이 생긴 형체 하나가 아른대다 금세 사라졌다. 순간 겁을 집어먹는 대신 헛웃음을 지으면서 이 상황을 퍽 재밌어했는데, 배짱이 두둑해서라기보단 지금 겪는 모든 일의 초현실성 때문이었다.

그리고 무엇보다 옆에 바투 서 있던 누군가 덕분이었다.

방금 봤어요?

네, 그쪽도요?

네, 귀신이었죠?

그렇겠죠?

물음으로 이루어진 말들이 우리가 나눈 첫 대화였다. 귀신의 집이니까 아무래도 귀신이 사는군, 이 자명한 사실을 처음 보는 그도 머릿속에 떠올린 거 같았다. 나는 또 한 번 웃었고 그도 피식 웃는 소리를 내었다. 두려움이 느껴지기 시작한 건 그때였다.

그리하여 그해 가을은 수많은 인간의 비명을 들으면서 지냈다. 긴 머리 가발을 쓰고 소복을 입은 채 흐느끼는 소리를 내다, 갑자기 사람들 앞에 등장한다거나 이동 경로를 지나는 그들의 발목을 밑에서 덥석 잡으며, 외마디 소리를 만드는 그 일을 나는 꽤 잘했다. 적성에 맞았달까. 너무 신이 난 나머지 내 활동 영역을 벗어나 다른 이의 구역까지 옮겨가기도 했다.

주로 첫날에 인사를 나눴던 그가 흉측한 가면을 뒤집어쓰고서 괴성을 지르는 공간이었는데, 그도 제법 그 일에 소질이 있었고 그렇게 우리 둘은 합심하여 인간들을 곧잘 경악시켰다. 출구로 달아나는 이들의 뒷모습을 보며 같이 킬킬거리기도 했다. 어떤 날엔 영업이 끝난 뒤에도 여운이 이어져, 우리는 권능 비슷한 것에 취해 근처 호프집에서 겁먹던 이들의 표정을 그러모으며 밤늦게까지 떠들었다.

처지와 나이가 서로 비슷했기에 쉽게 가까워질 수 있었던 그와 나는 종종 연기자용 통로에 쭈그려 앉아 일이 끝나고 해가 바뀌면 그때는 무얼 할 건지 진지한 논의를 하기도 했다. 바닷가 마을에서 나고 자란 그는 그곳으로 다시 가야만 한다고 했지만, 어쨌든 공부를 다시 시작해 볼 작정이며 그때는 서울에 올라갈 계획이라고. 그렇게 나도 덩달아 임시로 설치한 장래를 털어놓으면서, 악령의 몰골을 한 채 우리는 오지 않은 날들에 관해 얘기했다.

한겨울이 되자 계약서에 명시된 대로 집은 문을 걸어 잠갔고 보금자리를 잃은 귀신들은 도로 인간이 되어 헤매야 했다. 헤어지면서 그는 자기 사는 데로 한번 놀러 오라 말했다. 생선회를 실컷 먹게 해 주겠다며 아버지 배를 타고 같이 바다낚시에 가자고. 그

말을 들은 나는 얼마 안 있어 정말 버스를 타고 그리로 향했다. 아주아주 오랫동안 달려 도착한 바닷가 마을의 허름한 주택에서 나온 그가 멋쩍게 인사를 건넸다.

우리는 단 한 차례도 바다에 나가지 못했다. 2박 3일 동안 진종일 비가 내렸기 때문이다. 아무래도 미안했는지 그는 내내 살뜰한 태도였지만 나는 딱히 상관없었다. 그냥 그렇게 내리는 비나 구경하며 가지고 온 책들을 다 읽었는데 미시마 유키오의 『금각사』와 마누엘 푸익의 『거미 여인의 키스』를 그때 읽은 기억이 난다. 또 돌이켜 보면 가까운 어디를 나서기도 꺼리는 내가 그 먼 데까지 서슴없이 향했다는 사실이 지금의 나로선 잘 이해가 가지 않는다.

떠나기로 한 날 다시 그의 집 앞에서 우리는 싱겁게 인사하며 헤어졌고 그게 마지막이었다.

한 일 년 정도 지나 그로부터 연락이 온 적 있다. 곧 서울에 갈 계획이라며 얼굴이나 한번 보자는 거였다. 올라오거든 바로 약속 잡자고 답했으나 그즈음 나는 이제 막 처음으로 누군가와 진지한 연애를 시작하고 있었고, 얼마 후 갓 도착했으니 만나자는 그의 말에 나는 어쭙잖은 핑계를 대고서 나서지 않았다. 그 뒤로 언제 한번 술을 마시고 내가 전화를 걸었던 적 있다. 그는 받지 않았다.

마지막으로 본 날, 그러니까 그의 집에서 멀지 않은 해변에 서서 망연히 바라보던 바다가 문득 떠오른다. 흐린 날씨 탓에 몹시 거무칙칙했다. 바람이 거세어 눈을 뜨기도 힘들었지만 아 좋다 진짜 좋다, 이렇게 말했었다.

 그때 그 어두운 바다 앞에 서 있던 나와 지금 여기의 나 사이에는 멀리 보이는 빛을 따라 힘껏 내달린 나날이 놓여 있다. 이제 내 몸은 썩 환해져 있는데 그럼에도 어쩌다 가끔 방향을 돌려, 지나온 곳을 확인하고 싶은 마음은 무엇일까.
 뒤돌아보면 버려진 집이 하나 보이고 때는 다시 내가 사람이 아니던 시절. 어두운 방 안에 문을 열면 또 다른 암실로 이어지는 그곳에서 갖가지 비명 한가운데 나는 혼자가 아니었고, 함께 밤눈을 밝히던 이가 있어 그때 그 시절이 그리 두렵지만은 않았다. 지금은 만나지 않는 그에게 새삼 고마웠다고 말하고 싶다.
 이런 마음을 우정이라고 부르지 않나? 아니라 하더라도 딱히 덧붙이고 싶은 말이 없다.

고양이 한 마리가 천국에 가지 않으면

다른 하늘색 고양이가 바퀴벌레 한 마리를 잡아 신의 집 문 앞에 놓아두겠지
천국의 꽃병 하나가 덜 깨질 거야
대신 지상이 계속 요란스럽겠지
커튼이 떨어지고
소파는 뜯기고
설탕을 뒤집어쓸 거야
달콤하지 인간을 무릎 꿇린
모든 순종은
사람이 아니라 고양이 시중을 드는
집사의 엄청 진지한 얼굴을 떠올리면 웃음이 나와
아침이 와도
침대 밖으로 나오지 못하는 우울한 사람들은
밤마다 외로운 연인들은
고양이와 삶을 키운다네
고양이 한 마리가 천국에 가지 않으면
최소한 하나의 존재가
존재의 이유와는 무관하게 밥을 먹고
생물을 챙긴다네
천국의 신도 지옥의 신을 부러워하지만

지옥의 신이 천국의 신을 부러워하는 건 고양이 한 마리 때문이기도 하지
지상에 고양이를 남겨두고 온 사람의
이야기는 밤낮으로 이어져
천국을 단지 조금 따분한 왕국으로 만든다네
죽어서도 벌 받는 지옥 상자는 얼마나 광범위하고 재미가 없을까
창가에 앉아 고개를 좌우로 움직이는 고양이 한 마리가 천국에 가면
인간은 한시도 가만히 있지 못하겠지
놀라워하지 못하겠지
시간의 흐름 속에 그토록 다양한 빛깔이 반짝인다는 것도 모르고
그러나
눈물이 마르지 않는다는 말이
거짓이 아니라는 걸 알게 되지
무지개가 다리라는 걸
메타포를 배우게 된다네
사실 고양이는 천국에 없어
고양이가 있는 곳이 천국이니까
고양이 한 마리가 천국에 가지 않으면
시는 탄생한다네
이것 봐!
고양이 때문에 날개가 사라졌어!

십팔번

 기적을 노래하라 한때 크게 유행한 대국민 오디션 예사로운 사람들이 나와 심사위원 앞에 서서 노래를 부르던 방송 개중 아직 기억에 남아 있는 사람이 있는데 짧은 시간 비쳐선 어지간한 심사평도 없이 불합격 그 노래를 택한 내밀한 사연이나 탈락에 대한 소회조차 없었으니 노래 한 곡 부르고 사라진 사람 그러니까 다시는 안 보인 사람 그런데 참 이상하다 나는 그이와 그이가 부른 노래를 이후로도 아주 오래 기억하며 살고 그랬던 그는 지금 무얼 하고 살까 가끔 혼자 곰곰이 생각도 하고 그 방식대로 노래해보기도 한다 그는 아직 이렇게 노래 부를까 지나간 것은 지나간 대로 그런 의미가 있다고는 해도 그래도 나는 그가 노래하지 않으면 좋겠다 좋아하는 모임에서 친구들이 청해도 사랑하는 사람이 제아무리 곁이어도 들어주기를 바라며 부르는 것이 아닌 주변에 그 아무도 남지 않아 고스란히 혼자로 남았을 때 나지막이 흥얼거리는 정도 별 하나 안 보이는 어느 새카만 밤 어디 조그마한 공원의 벤치에 앉아 떠오르다 사라지는 입김 같은 것으로 그러니 나는 그저 그 사람이 살아만 있었으면 좋겠다 그럭저럭 그냥저

냥 딱 그 정도 기적 같은 것은 노래하지 말고

아직도 그 역에서 손을 흔드는 사람이 있을까

안부를 묻고 싶은 사람이
어제저녁 지나갔을

긴 종이봉투를 손에 들고

어둠과 손잡이를 하나씩 나눠들고

거기 든 건 뾰족한 것들
성냥 같은 것들

물에 젖으면 찢어지는 봉투
생각하면 마음이라고 다를까

찢긴 마음을 봉투에 담아
기차에 두고 내린 그날, 여름
빛이
한 줄기

참 귀했는데

버스를 타는 마음과
기차를 타는 마음은 달라서

버스에서는 음악을 듣고(창밖으로)
기차에서는 책을 읽고(흘러가듯이)

그러나 언제나 혼자인 것은 아니다
(살아 있어 줘)

아직도 역에서 손을 흐드는 사람이 남아 있을까

기차가 떠나고
기차역에 도착하는 사람처럼
살고 있다

어쩔 수 없어서가 아니라 그러길 바라면서

너와 헤어진 건 한여름의 플랫폼

시간을 역으로 환원하면
언제나 내려야 할 역을 지나쳐 온 기분이 드는데

어제저녁에는 집으로 가면서

집에서 가장 가까운 역에서 출발하는 기차 시간을 알아봤다

어디든 괜찮다고

그날 당신이 두고 내린 봉투에는 무엇이 담겨 있었나

지나갈 때, 나는 너를 분명 알아보았는데
너를 불러 세우지 않았다

떠난 기차는 뒤를 돌아보지 않고
두고 내린 마음 같은 거
이제 너무 많아서

역에서는 언제나 지나간 사람이 아니라
지나갔을 한 사람을 생각한다

인지부조화

나 혼자와 내 마음 여럿이서
함께 걷는다

큰 개 여러 마리와 산책하듯
끌어가는지 끌려가는지
더는 나도 알 수 없는

그 상태로 한 다발 풍선을 산 사람같이
색색의 빛깔은 끈에 매달려 아름다우나
자꾸만 날고 싶어 하고

이제 가던 길을 멈춰
입안 가득 침이 고인 채
속에 각가지 맛이 담긴
아이스크림 수레를 본 것처럼

깃털

내가 오늘 아침 숲속에서 가져오고 싶었던 건
그저 작은 아름다움

조금 더러운
속삭이기만 하는

희망,
색이 고운

그 깃털에는
새가 남아 있지 않다

그 깃털은 부드럽지 않고
쓰다듬기에 부족하다

그러나 그 깃털
새의 부푼 가슴이 되어 주던

아침 이슬과 햇빛과
신선한 공기와

한 송이 꽃이 자아내는 신비에 힘입어
깨끗한 슬픔을 자아내는

하얀 손수건에 싸서
봄에 입을 외투 호주머니에 넣어 두었다

잊고 지내려고
까맣게

입추

옛날 사람들은 어떻게 살았나 몰라
옛날엔 여름에 이렇게 안 더웠대

옆에서 듣던 난 하는 수 없이

옛날 여름 생각하다
옛날을 떠올리고
옛날 사람 생각하다
옛날 사람이 돼서

그늘을 나섰습니다

서점은 열려 있어요

무엇이
어둠을 빛으로 바꾸는지 아세요

거기서 지거든
여기로 오세요

꽃 피거든
꽃 지거든

기별을 넣으세요

저는 멀리 보고 있답니다

당신이 가장 사랑하는 사람이
당신을 가장 사랑하지 않는다는 사실을

알려 드릴게요
무엇이 우리를 바꾸어 놓는지

그러기 위해 오늘 저는 책상 위 화병에

철쭉 가지를 꽂아 두었습니다

어두컴컴한 책을 펼치면
세상의 어떤 어려운 질문에도 대답할 수 있어요

보라매공원

코밑이 벌써 거뭇한 아이의 손
꼭 잡고 오늘도 철문을 넘었다

가만히 한 시간 정도 기다리는 동안
그는 놀이터가 보이는 벤치에 앉아
숨 가쁘게 자라나는 사람들을 본다

그리고 엄마 아빠 하는 소리도 들으며
그들과 곰곰이 나이 드는 사람들을 본다

한 시간이 지난 사이
평생이 다 흘렀지만
그는 또 태어나야 했고

철새들

설 지나 고향 가
아버지와 해 질 녘 천변을 걸었다

뒷모습을 들키고 싶지 않아서
아버지를 졸졸 따라다녔다

말없이
청둥오리들은 물살을 가르며 나아가고
논둑에는 잔설이 희끗희끗 남아 있었다

아버지는 뒤 한 번 돌아보지 않으시고
가끔 하늘을 올려다보셨다

마음을 가로질러 날아갔다

그 뒷모습을
다시는 보지 못할 것 같아서
이제 그만 집으로 돌아가자고 말하였다

홍콩 찻잔

꼭 한번 와 보고 싶었다며
사물들 한가운데 그 사람이
예쁜 것을 찾을 때

실은 나 여기
와 본 적 있지요

이렇게 말하는 대신에
민들레가 그려진 찻잔을 보며
감탄합니다 처음 본 것처럼

와 정말 예쁘네

이제 내가 그때처럼
이 작은 잔을 산 다음
그에게 선물하면

그도 이런 선물은 난생
처음 받아 본 것처럼
좋아하고

그러게 정말 예뻐

다만 달라진 점이 있다면
이번에는 민들레가 그려진
잔 받침을 함께 샀다는 것

잃어버린,

지금 보고 계신 옷에는
단추가 하나 없습니다

단추가 붙어 있던 자리엔
고양이가 앉아 있습니다

햇볕은 따사롭고
그러므로 단추의 행방을 궁금해할 수 없습니다

혹시 보셨나요?

제 코트지만
제 것이 아니었던 단추는 나무로 만들어졌습니다
긴 이야기가
(스토리라고 발음하고 싶네요)
있겠습니다, 생산 과정

부속품의 여정에 관해 생각해 보셨나요?

풀린 운동화 끈과

이가 나간 지퍼
검은 장갑의 붉은 자수
잘 닦인 안경알
코끝에 붙은 속눈썹
어젯밤 흘러가 버린 눈물 그리고
음— 영혼

당신은 영혼의 단추를 항상 끝까지 채우는 사람입니까?
(무엇을 잃어버리셨길래)
당신은 영혼을 항상 풀어헤치고 다니는 사람입니까?
(무엇을 숨기고 계시길래)

지금 보고 계시는 시에는 단추가 여러 개 있습니다
아직 단추가 붙어 있지 않던 자리엔
단추의 영혼이 있었습니다
단추가 없어서 그게 보였습니다
당신은 단추를 보고 있기에
보지 못합니다, 버튼이라고 발음하고 싶네요

버튼
버튼이 잘못 눌려 걸려 온 전화를 받으면

⌒ ⌒
⌒ ⌒ ⌣ ⌣
⌒⌒⌒ ⌣ ⌒

그날은 종일
귀신을 봅니다
거기에 언제나 있던 사람을

귀신 분장을 하고 죽었나 보다.

사람의 여정에 관해 생각합니다
빈티지 티셔츠를 입은 사람을 볼 때마다
습관처럼 핏자국을 찾는 사람
"죽은 사람이 입고 있던 옷을 세탁해서 파는 거래"

그래서 보고 계시는 코트에 단추가 없는 것은 아닙니다
그 단추는 지금
왼쪽 코트 주머니에 있고
저는 그것을 잃어버렸습니다

괜찮은 것은
지금 보고 계시는 시는

이중 잠금장치가 되어 있어서
지퍼를 올리면
영혼을 단속할 수 있고
단추 하나쯤
당신 마음에 흘리고 와도 춥지 않습니다

고양이가 없어진 자리에
김이 모락모락 피어오르는
구운 식빵 한 쪽

혹시 보이시나요?
지금 입고 있는 시에 단추가 하나 없네요

시월

갸름하고 윤기 나는 잎을 말려서
상처에 펴 바르면 금세 피가 멎고

나무껍질을 고이 달여 마시면
통증과 열이 곧 가시게 된다는

네가 좋아하는 그 나무는

이 세상에 없지만
언젠가 한 번은 분명 존재하였음을

개울가에 들에 흔하게 볼 수 있는
그 나무의 꽃은 오래 계속 피지만
유난히 시월에 더 아름답게 핀다고

하지만 그 열매에는 독성이 있어
어린아이의 손에 닿지 않도록
각별한 주의가 필요하다고

그리고 그런 나무가 지금 세상에 없더라도

나는 언제나 그 나무 그늘에 속해 있다고

그곳에서 슬픔은 잠시만 계시다가
먼저 일어나서 떠난다고 왜냐하면
빛은 늘 새롭게 춤춰야 하기에

그리하여 한낮의 지나친 밝음이
너 하나 때문만은 아니지만

언젠가 한 번은 단지 네가 그 이유였음을

내가 좋아한 그 사람의 시

출근길보다는 퇴근길에

금요일보다는 목요일에

전철보다는 버스를 타고

어제 꺼낸 겨울 코트 속

잊고 있던

오래전 동전을 호주머니에서 꺼내면서

종이컵에 든 따뜻한 커피를 떠올리며

내려야 할 곳에서 내리지 못하더라도

손에 꼭 쥔 채

아무리 어두컴컴해도(그런 시대라 해도)

나눠 마신 커피 한 모금으로 살아 남은 광부들이 있음을 확인했기에

희망의 티스푼은 작지만

매일매일 절망을 휘저으며

무선 이어폰 노이즈 캔슬링 아니 두근거리는 심장

볼륨을 낮춘 라디오 소리 두 발로 박자 맞추며

흥얼거릴 때 생각나는 얼굴

전학 갈 때 웃으며 눈물짓던

이 세계 어디에도 없는

빈 좌석 옆자리 잠든 유령에게 어깨를 내어주고

고개를 돌리면 창밖 저 멀리 빛나는

다음 겨울의 기쁨을 위해

동전을 호주머니에 넣어두면

손안에 남는 그 맑고 밝은 호수처럼

일렁이는 손길로

기억되기 위해 잊히는,

틀림없는

당신은 몰라서 묻고
나는 대답해 줬지만

그때마다 실은
나도 의문이었습니다

그걸 당신은 다 알면서도 끄덕이며
내 얼굴을 바라보고 있을 때

내가 가진 텅 빈 눈동자는
알고 싶은 것으로 가득해졌습니다

내 친구의 집은 어디인가

이환희.

제 친구의 이름입니다. 애석하게도 환희는 3년 전 하늘나라로 떠났습니다. 이른 나이였습니다. 투병의 불꽃은 뜨거웠으나 희망의 심지가 짧았습니다. 갑작스러운 이별이었습니다. 환희를 보낸 첫해에는 친구들과 묘소를 찾았습니다. 그걸 저희끼리는 여행이라고 했습니다. 다 함께 가는 첫 여행…. 무덤 앞에서 환희가 생전 좋아했던 롤케이크를 맛있게 나눠 먹었습니다. 두 번째 해에는 환희를 편집자로 삼아 책을 낸 바 있는 친구의 신간 낭독회에서 환희를 추억했습니다. 아무도 앉지 않은 단 하나의 의자를 가리켜 '환희가 있는 자리'라고, 그가 옆에 있는 양 굴다가 눈물을 흘렸습니다. 그리고 올해는, 아차차, 환희의 3주기를 까맣게 잊고 있었습니다. 산다는 게 다 그런 거지, 하며 자위해도 가슴에서 스산한 바람이 일었습니다. 생일도 아니고 기일을 까먹어서 미안해, 말하면 환희는 괜찮다며 분명 웃어 넘길 텐데…. 바쁘다는 핑계로 살피지 못한 여러 일이 바람에 이는 낙엽들처럼 마음속 여기저기를 굴러다녔습니다.

-오늘이 환희 3주기라는 걸 이제 알았네요. 그리운 환희. 이 방에 잠시 초대했어요.

조용한 온라인 단체 채팅방에 메시지를 남겼습니다. 잠시 후 아차차, 아차차. 모두 저와 같은 심정이 되어 3년은 빠르고 또 느리다는 말을 시작으로 친구를 차례로 호명했습니다. 정말 환희가 방에 있는 것 같았습니다. 형체가 없더라도 우리는 보고, 듣고, 만집니다. 그런 태도를 '마음씀씀이'라 부르지요. 마음씀씀이가 넉넉한 사람, 그게 환희였습니다. 고약하지 않고 자상했던 사람. 그래서 투병 중에도 친구들을 집으로 초대해 구수한 찌개와 알맞게 삶은 문어를 대접했던 사람. 저는 그날 이후로 삶은 문어를 자주 먹습니다. 먹으면서 환희가 해 줬던 말을 따라 하곤 합니다. 몸에 좋대요. 문어가 몸에 좋대요….

-오늘 밤엔 꿈속에서 환희랑 놀아요.

제가 재차 메시지를 남기자 누구 한 사람 말도 안 되는 소리라고 하지 않고 이따 보자며 자연스럽게 대답했습니다. 불현듯 인간이 꿈을 꾸는 소중한 이유 중 하나를 알게 된 것 같았습니다. 현실에서는 다시 볼 수 없는 그리운 존재를 꿈에서는 다시 볼 수 있습니다. 놀러 갈 수 있습니다. 번지수는 몰라도 너무 자주 드나들어서 저절로 발걸음이 향하는 친구네 집으로.

무지개다리를 건너간 강아지(크림이) 때문에 슬픔에 휩싸인 한 친구가 들려준 이야기가 생각납니다.

어느 날 꿈에 크림이가 홀로그램 형상으로 나왔는데, 만질 수 있고, 냄새 맡을 수 있고, 쓰다듬을 수 있고, 껴안을 수도 있었어요. 그게 좋아서, 그 꿈을 거듭 꾸기만 한다면, 크림이가 여기 없다 해도 좋을 것 같다고 생각했어요.

환희가 꿈에 나온 적이 있나 되돌아보았습니다. 나왔었습니다. 만질 수도, 냄새 맡을 수도, 쓰다듬을 수도, 껴안을 수도 없었는데 좋았습니다. 환희의 수줍은 미소를 보면서 미소 짓는 것이…. 궁금해집니다. 환희도 지금 사는 집으로 우리를 초대하고 싶어 할까요? 연락해 보고 싶었습니다. 그 집에 핸드폰이 있다는 상상은 하기 싫지만, 그 집 앞에 빨간 우체통이 있다는 상상은 참 희망적이네 되뇌면서.

시인들의 말

서로에게

1

 김현은 보이는 것보다 더 멀리 있으며 언제나 슬퍼하는 사람이다. 그 사실을 나만 꿰뚫어 본 것 같아 종종 기쁘지만, 실은 현을 아는 모두가 그렇게 느끼고 있다. 어떻게 보면 현을 아는 이들은 같은 기쁨을 공유하는 것이다. 현은 그런 우리를 가만히 응시하고, 그 모습은 보이는 것처럼 썩 가까우며 언제나 웃는 얼굴이다. 김현의 이러한 상반된 태도는 그가 매사에 희망을 품고 있기 때문이라고 나는 생각한다.

2

 욱진이가 파란 벽에 기대어 서서 활짝 웃고 있는 사진을 좋아한다. 어느 여름, 손님이 많은 시골 막국숫집에 자리가 나길 기다리며 내가 폴라로이드로 찍은 사진이다. 그 사진에는 그날의 빛과 그림자 그리고 바람결, 흙내음과 지오다노 모델처럼 자세를 취한 욱진을 보며 웃던 친구들이 보이지 않게 보일 듯이 찍혀 있다.

 욱진과 친해진 지 얼마 되지 않아 "옛날 사진 속 너에겐 슬픔이 묻어나더라."하고 말을 건넸더랬다. 욱진은 "그래요?" 하며 그럴 리 없다는 표정을 지어 보였다. 그러면서 "저는 큰 슬픔 없이 컸어요." 말을 덧붙였다. 나는 그 말을 곧이곧대로 듣지 않고 욱진이가 감추고 있는, 숨기고 싶은 작은 슬픔을 생각했다. 그 알갱이를 씹었기에 그가 시를 쓰기 시작했을 것이라 믿었다.

 하지만 이제 나는 누구에게나 공손하고 친절한 욱진이 본인의 말마따나 기쁨을 거름으로 삼은 인간이라면 좋겠다. 그 덕분에 슬픔을 거름으로 삼는 사람들에게 깍듯이 허리를 숙일 줄 아는 시인이면 좋겠다. 슬픔에 순종하면서도 기쁨으로 무릎을 세우는 그가 내 친구라면 우리 우정의 램프에도 낮은 불이 켜지겠지.

한 날 옥진이랑 경복궁역 근처에서 낮술을 마셨다. 술을 마시고 싶어서가 아니라 더위를 식히고자 들어간 작은 펍에서였다. 사귀는 동안 처음 있는 일이었고 지금까지도 없는 일. 한 시간이 채 되지 않는 사이에 우리는 시시껄렁한 얘길 주고받는 대신 자못 진지한, 앞으로 어떻게 살 것인가, 살고 싶은가에 관해 이야기 나눴다. 웃으면서, 고개를 끄덕이면서, 창밖을 보면서, 산란하는 빛을 각자 음미하면서. 나는 지금도 종종 그 우연이 선사한 깨끗한 기쁨을 떠올린다. '옥진과 현'이라는 우정의 징표로 여겨봄 직한 것이다.

"옥진아, 저기 서봐."

살면서 이 말을 몇 번쯤 더 할 수 있을까? 사는 동안 할 수 있는 말의 횟수를 헤아리다 보면 늘 인생이 짧다는 결론에 도달하여 어느새 상대에게 꼭 그 말을 들려주려 애쓰게 된다. 그렇지 않니? 하면 그래요? 하며 옥진이는 어떤 말을 보탤까. 궁금하기에 우정의 책장은 넘어간다.

저자소개

김현

친구 선재가 '자화시(自畵詩) 프로젝트'를 해보자며 날 찍고, 날 찍은 사진 한 장을 건네준 것이 벌써 오래전이다. 나는 그 사진을 앉아서, 누워서, 때론 바닥에 둔 채 서서 보기도 하면서 시간을 흘려보냈다. 그리고 여러 달 전 불현듯 자화시를 끄적였는데, "내 얼굴을 보면서도 내가 아니구나 생각했다"라는 문장으로 시작해 "쓰게 될 것이다." 하고 끝난다. 그런데 그 시에 뭔가 빠진 게 있다는 생각. 그게 '나'라는 생각. 그래서 나는 나도, 누구도 보지 못하게 사진을 다시 벽으로 돌려놓은 채 지내고 있다.

전욱진

 눈 가늘게 뜨고 나 자신을 기억해 보자면 혼잣말을 곧잘 하는 사람이라는 생각이 든다. 내심 누군가 들어주기를 바라며 혼자서 이야기하는 일, 그런 일을 줄곧 해 온 사람 같다. 요즈음에는 스스로 냉혹한 사람 같다고 느낀다. 또 최근에 새로 안 사실인데, 나는 망개떡에 붙은 나뭇잎을 먹는 사람이다. 그 오묘한 맛과 향에 관한 혼잣말을 당신이 들어주었으면.

수록 작품

김현

가만히 있어봐
강아지 한 마리가 천국에 가면
고양이 한 마리가 천국에 가지 않으면
내가 좋아한 그 사람의 시
당신 없이도 잘 지내고 있어요
봄
서점은 열려 있어요
시작되는 시
아직도 그 역에서 손을 흔드는 사람이 있을까
우리 사이
잃어버린,
잔물결
철새들
충실한 슬픔
할머니는 끝이 없네
내 친구의 집은 어디인가(에세이)

전욱진

동거
보라매공원
봄날 문밖에서의 춤
사랑과 영혼
산들
수신자 부담
십팔번
역광
음향
인지부조화
입추
틀림없는
핍진성
시월
홍콩 찻잔
사람이 아니던 시절에(에세이)

깨끗한 슬픔
우정 시집
김현, 전욱진

글쓴이	김현, 전욱진
발행인	이상영
편집장	서상민
디자인	서상민
마케팅	최승은
교정·교열	신희정
인쇄	피앤엠123
펴낸곳	디자인이음
	2009년 2월 4일 제300-2009-10호
	서울시 종로구 효자동 62
	02-723-2556
	designeum@naver.com
	instagram.com/design_eum
발행일	2025년 6월 20일 1판 1쇄 발행
값	11,000원